FUEGO EN EL CORAZÓN

ExLibric

ENRIQUE G. ESPÍNOLA SUÁREZ

FUEGO EN EL CORAZÓN

EXLIBRIC

ANTEQUERA 2024

FUEGO EN EL CORAZÓN
© Enrique G. Espínola Suárez
Diseño de portada: Dpto. de Diseño Gráfico Exlibric

Iª edición

© ExLibric, 2024.

Editado por: ExLibric
c/ Cueva de Viera, 2, Local 3
Centro Negocios CADI
29200 Antequera (Málaga)
Teléfono: 952 70 60 04
Fax: 952 84 55 03
Correo electrónico: exlibric@exlibric.com
Internet: www.exlibric.com

ISBN: 978-84-10076-87-7
Depósito Legal: MA 1789-2024

Impresión: PODiPrint
Impreso en Andalucía – España

Nota de la editorial: ExLibric pertenece a Innovación y Cualificación S. L.

ENRIQUE G. ESPÍNOLA SUÁREZ

FUEGO EN EL CORAZÓN

Índice

Introducción

Fuego en el corazón es una obra que destaca por su profunda inmersión en la psique humana, utilizando una mezcla armoniosa de poesía y narrativa para explorar temas universales como el amor, la pérdida, la esperanza y la redención. La estructura de la obra, que entrelaza poesía con prosa, refleja la complejidad de las emociones humanas y facilita una experiencia de lectura que es tanto íntima como expansiva.

A través de sus capítulos, la obra crea un diálogo con el lector, invitándolo a reflexionar sobre su propia vida y las conexiones universales que compartimos.

La habilidad del autor para confeccionar imágenes líricas con observaciones profundas sobre la condición humana convierte *Fuego en el corazón* en un espejo de nuestras propias experiencias, miedos, deseos y sueños. Cada poema y relato corto actúa como una ventana a diferentes facetas de la existencia, permitiendo una exploración rica y matizada de lo que significa ser humano. Esta obra no solo destaca por su belleza estilística, sino también por su capacidad para provocar introspección y una resonancia emocional profunda.

En el panorama literario, *Fuego en el corazón* emerge como una obra significativa por su enfoque único en la narrativa emocional y su estructura innovadora.

Espínola Suárez desafía las convenciones literarias al fusionar géneros y temas de manera que enriquece la experiencia lectora, ofreciendo una perspectiva fresca sobre temas atemporales. Este enfoque holístico hacia la literatura no solo muestra la destreza del autor en el oficio, sino que también eleva la obra a un plano donde la literatura se convierte en un puente entre el alma individual y la experiencia colectiva humana.

Desde un punto de vista crítico, se puede afirmar que *Fuego en el corazón* es una obra que permanecerá relevante gracias a su capacidad para conectar con los lectores a un nivel profundamente personal, mientras ofrece una reflexión sobre la belleza, la tragedia y la trascendencia inherentes a la vida. La obra en sí es un testimonio del poder de la literatura para explorar la complejidad del corazón humano e iluminar los rincones más oscuros de nuestra existencia con palabras de esperanza, amor y luz y está dirigida principalmente a los adultos jóvenes sin descartar a los adultos mayores , interesados en la literatura reflexiva y poética.

Esa obra atraerá seguramente a aquellos que aprecian la belleza del lenguaje y la exploración introspectiva de la naturaleza humana, incluidos amantes de la poesía, ficción literaria y ensayos personales.

Este público busca obras que, como la presente, no solo entretengan sino que ofrezcan también profundidad emocional y filosófica, explorando temas universales como el amor, la pérdida y la búsqueda del sentido de su propia existencia, que aquí son tratados con verdadera maestría literaria y comprension humana por el autor.

Agradecemos profundamente los aportes de los siguientes Poetas de Hispanoamérica:

· Claudia Ballester Grifo (España)
· Mónica Gerez (Uruguay)
· Harold Gil Vallejos (Perú)
· Ana Kiguen (Argentina)
· Antonieta Iturralde Gómez (Ecuador)

MEMORIA

Hoy visito aquella casa
que a lo lejos se vislumbra
adornada con jardines
donde todo inspira paz

vuelvo a ver a esa figura
que con bastón en su mano
se dirige hacia el camino
que recorrí en mi niñez

y siento que me emociona
al sentir su fuerte abrazo
dejando perlas mojadas
deslizándose en mi piel

oigo entonces su llamado
por mi nombre y he llorado
pues al fin me ha recordado
llenándome de placer

y camino lentamente
a su lado y de su mano
manos que fueron refugio
y que jamas olvidé

que se llenaron de heridas
que dejaban sus trabajos
que acariciaron mi frente
cuando tuve que partir

y me pregunta extrañado
por mi madre tan anciana
pues espera su visita
con su tocado de piel

madre que ya has partido
hace tiempo de su casa
espéralo desde el cielo
como hiciste en tu vejez
y me abruman sus preguntas
me duele tanto su olvido
al comprender que el castigo
lastima su corazón

que lo llena de aflicción
de dudas, de sin sentidos
al darse cuenta en las noches
que es su historia que perdió

siento perder este día
al padre que he conocido
que lucha cada mañana
por recobrar lucidez

por hallar una razón
que alimente su esperanza
de recordar a quien quiso
de volver a ser quien fue

en mi alma, no se ha ido
su recuerdo está conmigo
y le contaré mil veces
la misma historia otra vez

que la familia está unida
que mi madre aún le esperaba
en la puerta de su casa
aunque no sepa quién fue

hoy sufre porque ha perdido
un pedazo de su vida
sus recuerdos tan queridos
el sostén de su vejez

pues duele más el olvido
que la tormenta y el frío
que el desaliento y hastío
mas que la sal en la piel

y me contagio de pena
al saber que está conmigo
el padre que he añorado
el amigo, en su vejez

por respeto a su memoria
vuelvo a tiempos compartidos
doy esperanza a aquel hombre
que fue mi padre una vez

y al despedirme su abrazo
que llevaré en mi memoria
le prometo ser su amigo
y visitarlo otra vez

para contarle mis penas
con abrazo compartido
para llenar su memoria
para viajar junto a él

al pasado compartido
al tiempo que ya ha olvidado
para ahuyentar la nostalgia
de un tiempo que ya se fue

y si extraña en las mañanas
los recuerdos ya perdidos
le prometo que su historia
nunca más será olvidada

que su memoria está viva
que su esfuerzo… dio su fruto
que el pasado está presente
y hoy se encuentra… frente a él.

BASTA...

Al final hemos dejado
a lo largo de la historia
memoria de mil batallas
recuerdos de lo perdido
por aumentar nuestras tierras
por sojuzgar al vecino
pero nada he aprendido
de todo lo sucedido

porque no vuelve a su casa
el soldado que ha partido
y se repite el dilema
que lo sufre la familia
de animar a quien se ha ido
de llorar por su dolor
de vivir siempre pendiente
de conocer su valor

hoy la historia se repite
a lo largo de mi vida
porque una guerra lejana
afecta a muchos amigos
hoy pido a Dios los proteja
que se valore sus vidas
porque no hay tierra ganada
que compense la aflicción

del soldado que sin serlo
se convierte en un verdugo
por defender su bandera
y demostrar su valor

hoy rezo por la conciencia
de gobiernos extranjeros
que pongan fin al conflicto
que sin querer comenzó
que el soldado vuelva indemne
que se respete la vida
que la paz al fin decida
cualquier conflicto entre dos

y coincido con mi amigo
que el amor todo perdona...
cuando cesan los cañones
vuelve a reinar el amor…

AHORA... SOY LIBRE

He vivido tantos años
que al recordar esta noche
se me olvidan los caminos
que transité alguna vez
porque olvidé mis amigos
y mi tierna adolescencia
a mi infancia sin conciencia
o el miedo a la soledad

porque viví muchas vidas
y te busqué tanto tiempo
hasta que oí que llamabas
buscando mi corazón
el cariño que guardaba
el amor que no sabía
que en mi pecho yo anidaba
pues viví, sin compartir

así guardé mis recuerdos
mis sueños de adolescente
hasta encontrar a mi amado
hasta cruzarme con él

y hoy que pienso en lo que he sido
sé que no he vivido en vano
pues he hallado el amor

en tu bello corazón
y hoy yo te puedo contar
a ti que vienes detrás
que si debes transitar
andar por muchos caminos
no temas que tu destino
hará tu sueño, verdad
entonces tú le amarás

con la emoción mas sentida
con la pasión reprimida
sin pensar en nuestra edad
desearás poder gritar
al mundo lo que atesoras
porque al fin has encontrado
quien se entregue de verdad

entonces podrás gritar
al mundo lo que atesoras
porque compartes al fin
el amor de una pareja
y no habrá mas noches en vela
ni plegarias a la luna
porque llegaste en la vida
a conocer el secreto

que al final has conquistado
tu libertad… para amar.

MADURAR

Al comenzar esta vida
con sueños en bandolera
te lanzaste a la aventura
buscando tu libertad

todo es nuevo en tu retina
porque comienza tu vida
porque elaboras tus reglas
las que piensas respetar
vas a buscar el sustento
con tu esfuerzo en el trabajo
conociendo un objetivo
sin nunca desfallecer

y pasado mucho tiempo
cuando el destino te alcance
cuando mires al espejo
tal vez pienses cuestionar
de si hiciste lo planeado
si tus sueños has cumplido
sin nunca te has olvidado
lo que guardó el corazón

si al final has comprendido
que te acercas a un destino
que sólo al fin del camino

su sino revelarás
si has luchado por tus sueños
y nunca has desfallecido
si en el camino has logrado
entregar tu corazón
no temerás la distancia
que del hogar te separa
pues no pierde la esperanza
quien ha vivido el amor

y al acercarse el final
al terminar esta vida
sabrás que tú has conseguido
lo que viniste a buscar
que has forjado tu destino
y los has hecho con pasión
que tu papel en la vida
cumplisteis hasta el final
sólo entonces les dirás
cuando alguien te pregunte
que madurar en la vida
hallar paz en tu destino
sólo lo logró….el amor.

CONCIENCIA

Qué buscas, soldado
que te has retirado
dentro de tu mente
donde está guardado
lo que ya has vivido
lo que te ha dejado
tu noble conciencia
flor de juventud

qué siente tu alma
cuando lo recuerdas
que atrás has dejado
un hijo doliente
por su padre ausente
sin volver a casa…
porque fue una guerra
donde se perdió…

tal vez hoy que el tiempo
llama a tu conciencia
dejando desnuda
tu alma y tu fe
los sueños que un día
dejaste de lado
por luchar en vano
los recuerdas hoy

supiste esa noche
de fuego y metralla
que a un hombre dejabas
muerto el corazón
y hoy que aún conservas
tus nobles principios
tu fe, tu esperanza
de un mundo mejor
recuerdas el tiempo
que fuiste un esclavo
del odio y violencia
de quien te engañó

aquél que ha luchado
en crueles batallas
aquél que no quiso
escuchar la voz
y el grito de angustia
de un alma perdida
que nunca ha olvidado
que existe el amor

te volviste sordo
para no escucharla
a ese alma que un día
fue tu bendición
dejando olvidado
en tierras extrañas
a ese fiel soldado
que amaba el honor

al fin lo comprendes
que erraste el camino
que el daño inflingido
nada consiguió
porque has hecho daño
quitaste una vida
tú que sólo ansiabas
regalar amor

hoy frente al espejo
llamado… conciencia
doblas tu rodilla
y pides perdón

perdón por quitarle
a un niño su padre
perdón a tu alma
que nunca cedió
que estuvo a tu lado
guiando tu vida
que ha sido en el tiempo
consuelo al dolor

hoy junto a otros deudos
de guerras pasadas
juntos se arrodillan
pues ya no hay rencor
el odio no dura
no es pan en la vida

lo dice tu llanto
desde el corazón
porque has aprendido
al fin de tu vida
que tener conciencia
te dará la paz
ojalá que un día
logres en tu vida
reparar el daño
que el odio causó
porque aquel muchacho
que esperaba en vano
a un padre añorado
que perdió en batalla
al pedirle ayuda
te tiende su mano
porque aquel muchacho
anciano… era yo.

TEMORES

De niño tuve temores
de que perdiera el cariño
de que al dormir se olvidaran
de besarme al despertar
tuve miedo al comenzar
a vivir mi adolescencia
de no encontrar mi camino
de buscar, sin encontrar

y así comencé mi historia
mis primeras experiencias
donde el temor al fracaso
exigió mi voluntad
y con el paso del tiempo
fui conociendo mi fuerza
fui ganando la confianza
de que no habrá más temor

así disfruté el trabajo, mis amigos tan unidos
con quien compartí mis sueños, que fueron nuestros testigos
cuando por fin encontré con quien compartir mi vida
porque viví acompañado con quien después me casé

y transformé mi existencia
al vivir acompañado
porque pude ser feliz

por una vez en la vida
cuando sólo hubo alegría
por el amor de pareja
cuando el temor no existía
porque me entregué al amor

pero llegó la vejez
que una vez golpeó mi puerta
que a mi dulce compañera
destrozó su corazón
sufrió penas y dolor
porque olvidaba su vida
pues olvidaba el pasado
y hasta quien la acompañó
y de nuevo me angustió
pues un temor conocido
golpeó de nuevo mi vida
cuando mas débil estoy
sufrí miedo a su futuro
volví en la noche a otro tiempo
donde el cariño perdía
donde no existe el amor

hoy que acompaño a mi amada
en el tiempo sin pasado
mi presente no he olvidado
no tampoco la lección
pues si mi tiempo termina
al final lo he comprendido

que si vives en amor
si entregas el corazón
nunca reinara el temor
pues tu sueño…. habrás cumplido.

MAS ALLÁ...

Te busco en las noches
me afano por verte
amor de mi vida
que un día partió
en sueños te llamo
pues tanto te añoro
hasta que me olvido
qué he sido y quién soy

para que regreses
a vivir conmigo
yo le pido al cielo
en esta ocasión
que se obre un milagro
que vuelvas a casa
y si no regresas
me lleve hacia ti

por eso te encuentro en noches de luna
volviendo entre sueños , durmiendo conmigo
me abrazo a tu almohada buscando tu aliento
y aunque nadie sepa, tú vuelves conmigo

yo sé que estás viva, que no me abandonas
pues llevo tu imagen en mi corazón
no olvido aquel día de tu despedida

cuando entre mis brazos yo perdí a mi amor
y al darme tu beso , dijiste en mi oído
lo que está grabado en mi corazón....
si juntos vivimos
con fe nuestras vidas
que espere algún día
que vuelvas a mí

hoy vivo el dilema de aquel que en la vida
vivió su aventura buscando el amor
confiando en la suerte se jugó la vida
cuando tu partida todo lo borró
quise ser eterno para estar contigo
busqué acompañarte hasta el más allá
mas sólo he llegado a un cuarto de enfermo
donde encarcelado, sufro por tu amor

maldigo mi suerte cuando aciago día
intenté encontrarte en vasos de alcohol
porque busqué en vano, pedí por la muerte
buscando el camino hacia donde estés

algunos me dicen que me encuentro enfermo
curando mi mente de un extraño mal
y todos me quieren curar con pastillas
sin ver que quién sufre, es mi corazón

hoy me encuentro sólo y esa es mi condena
hoy sufre mi cuerpo que brinda el perdón
a quien me tortura diciendo en las noches
que tú… ya te has ido, que no volverás
por eso en silencio dentro de mi celda
escribí tu nombre, para que no olviden
que si es este mundo quien no me comprende
aunque pierda el juicio… no te olvidaré.

SIN OLVIDO...

Hoy soy polvo de otra tierra
soy recuerdo agradecido
que han traído desde lejos
para esparcir en el mar

he vivido muchos años
alejado de mi tierra
donde al final he dejado
el ropaje de mi ayer
donde partí tras de un sueño
que busqué por tanto tiempo
así pasé por la vida
buscando siempre el amor

pero si nada es eterno
en esta vida terrena
sé que al final he logrado
el amor que yo soñé
pero he vuelto hasta mi casa
a mi playa tan hermosa
que como hermosa doncella
hoy me canta su canción
para sentir al final
que todo vuelve al principio
porque he pedido quedarme
donde una vez, comencé

vuelvo otra vez a mi casa
y a mi tierra y mi tesoro
porque dejé mis recuerdos
y les prometí volver
a descansar en la tierra
que pisaron mis hermanos
donde lloraron mis padres
cuando tuve que partir

hoy se cumple mi pedido
que por amor compromete
a mis hijos que me entreguen
como cenizas, al mar
a ese mar que de niño
mientras miraba la luna
soñaba con el momento
que conociera el amor

y que al cumplir con mi pedido
de esparcirme en esta tierra
verán la luz en el cielo
que mi viaje surcará
y sabrán que yo he cumplido
con el rito más sagrado
volver donde yo he nacido
y sentir que estoy en paz

lo sabrán cuando recuerden
que no se llevan las olas
ni la tierra, ni el olvido
al padre que en este día, esparció... su corazón.

CONSUELO

Oh noche tan amarga
que el tiempo no detienes
pasando lentamente
aumentas mi dolor
dime si lo he soñado
o nunca ha sucedido
que el mundo sonreía
cuando estaba con él

acorta mi condena
y al sol de mi ventana
como a un eterno amigo
invítalo a volver
que traiga hasta mi alcoba
el brillo que ilumina
que muestre con sus rayos
sus besos en mi piel

no entiendo aún mi vida
el tiempo que me queda
porque planeamos juntos
amarnos hasta el fin...
no encuentro mi consuelo
y lucho cada día
por no olvidar quién vive
dentro mi corazón

busco sin encontrarlo
cual ciego en esta vida
tan sólo un buen amigo
para escuchar su voz,
por eso ahora temo
no encontrar mi camino
que engañando al destino
me olvide de mi fe

hoy busco mi consuelo
y pido tu consejo
oh noche majestuosa
que escuchas mi dolor
dime si yo lo he soñado o tal vez me has susurrado
que vuelva atrás la mirada y escuche a mi corazón
porque esta noche tan triste cuando es mi piel que le llama
presiento que me responde…aún vivo dentro de ti
y al final lo he comprendido, que aquello que ambos tuvimos
aún no ha muerto, está conmigo… y vuelve al amanecer

No borraré mi pasado ni cederé al cruel olvido
pues lo que hemos vivido siempre ha sido mi sostén
y yo seguiré llamando a aquél que jamás olvido
para contar mi secreto, que con él yo fui feliz

Y le seguiré llamando con cada noche de luna
sabiendo que llega el día que yo partiré con él
así lo hemos convenido, cuando juntos de la mano
iluminaba esa luna que yo nunca olvidaré….

no lloraré lo perdido si alguna vez esta vida
al intentar separarnos quiere borrar nuestro amor
pues nada en mi pecho está escrito, si miras con atención
lo que escribí con mi sangre…. que es tuyo mi corazón.

MEMORIA DE UN AMOR

Hoy que todo se me olvida siento llegado el momento
en que me enfrento tan solo al final de mi camino
cuando se acaban proyectos y espero en paz mi destino
cuando mi mente reclama seguir oyendo su voz

temo que perdí mi sueño que nació de la esperanza
de que mi amor se guardara dentro de otro corazón
perdí tu cuerpo dormido, perdí tus besos eternos
pero siento que estás cerca, que permanece tu amor

y hoy que a veces me confundo con el tiempo que he vivido
hoy que nadie está presente
y transito en soledad
temo ceder al olvido que a todos nos aprisiona
que olvida quien nos asiste pero no olvida su amor

es una cruel agonía, esta pena que me aqueja
es nostalgia de aquel mundo al que quiero regresar
pero triste es el camino que me lleva a mi destino
pues aunque mucho lo intento… no la puedo recordar

quizás sufro este castigo por algún error pasado
quizás ya me habrá olvidado quien ayer me dio su amor
por eso es que en estas noches que me hundo en el infierno
mi castigo vuelve eterno... el no poder recordar

cuando mi mente sumida entre la bruma del tiempo
busca a mis seres queridos que partieron de mi hogar
siento perder sus recuerdos, su pasaje por mi vida
y los llamo por sus nombres para recordarlos más

hoy que sufro este flagelo que me confunde la mente
sólo siento esta congoja porque ocupa el corazón
y voy pidiéndole al mundo que le cuenten a mi amada
que vuelva pronto a mi casa para compartir su amor
esta noche la nostalgia me pide que yo la llame

que le envíe en la distancia este suspiro de amor
aunque quizás no responda aquel rostro tan soñado
sé que su dulce mirada yo jamás podré olvidar

todo se pierde en vida si se borra tu memoria
poco a poco va muriendo tu fe en la humanidad
y por eso en esta noche a mi Dios que yo le ruego
que antes de llevarme al cielo, yo recuerde quién me amó

hoy sólo a ella le cuento que olvidé lo que he sufrido
que no borré ni su imagen que yo guardé con amor
y si el tiempo me castiga borrando toda mi vida
al cielo yo le prometo ….. nunca olvidaré su amor.

SIN ODIOS NI RENCORES

Soñar es lo primero
que busca el pensamiento
para encontrar el modo
de amar y compartir
vivir es lo que enseña
la vida en un instante
cuando no hallaste el tiempo
de volver a empezar
luchar… es lo primero
que aprendes sin esfuerzo
pues luchas cuando naces
y también al final

por eso lo importante
lo que dirige el mundo
lo que mueve montañas
amigo, es el amor
que es fuerza positiva
que siempre se renueva
que no cede al embate
de envidia ni rencores

hoy que hemos encontrado
un mundo diferente
que no escucha razones
que mata la ilusión

debemos prepararnos
sin armas ni explosiones
mostremos heroísmo
oyendo al corazón
que orando a nuestro cielo
le reza por tu vida
para que no se pierda nunca
tu fe en la humanidad
no intentes ser un siervo
de horrores y de guerras
no vuelvas a tu alma
inmune hacia el dolor
y muestra al fin tu estirpe
sé orgullo de tu raza
porque no habrá otra vida
ni podrás regresar

protege la inocencia
cultiva la templanza
y sé para tu tierra
un faro hacia la paz

hoy que el mundo nos llama
diciendo que las guerras
vuelven con sus fantasmas
que atacan sin cesar
sin odios ni rencores
hoy quiero que lo intentes
que brindes el esfuerzo

por mantener la paz
por eso te dedico
este humilde poema
pues sólo tu conciencia
te hará prevalecer

y así cuando los niños
entonen sus canciones
si escuchas tu conciencia
en paz responderás
que sólo has combatido
por el amor de un pueblo
que nunca te has rendido
a viles sentimientos
y que al volver a casa
demuestras con orgullo
que nunca has olvidado
tu fe en la humanidad….

HOMENAJE

Oh noche que me convocas
a contemplar hoy su rostro
que impávido y cetrino
nunca voy a olvidar
porque intenté en la noche
besar sus tiernos labios
que fríos como el hielo
me dicen que no está
y aunque tomé su mano
como todas las noches
sentí que es su destino
partir sin avisar

Y entonces me recuerdo
que mientras yo dormía
escuché entre mis sueños
cantarle a nuestro amor

no quiso despertarme para que no sufriera
porque supo hace tiempo que no permitiré
que parta hacia ese cielo, se aleje de mi vida
porque juré primero , ocupar su lugar

así nos lo juramos cuando nos conocimos
y es grande hoy mi congoja al comprobar su adios
y al ver junto a mi cuerpo su rostro tan sereno
se calma en este instante mi angustia y mi dolor

recuerdo que sus manos ayer me transmitían
todo el amor que juntos supimos cosechar
y hoy siento que entre sueños en esta despedida
me dijo no me olvides..que siempre te amaré

Hoy que pasaron años sin tener compañía
solo con mis recuerdos, escuchando su voz
no puedo con mi pena ni olvido lo sufrido
cuando abracé su cuerpo, y su alma me dejó

no existe hoy la distancia que vuelva gris tu vida
si tienes en tus brazos quien vive por tu amor
no existe la nostalgia que pueda con la pena
de saber que has dejado, en otro el corazón

pero hay un homenaje de un alma que no olvida
de un corazón que un día a otro se entregó
vivir lo que te quede, guardando su recuerdo
y recordarle al mundo, que aún vive...el amor.

BRUMA DE OTOÑO

Te recibe otoño mi huerto florido
con tu espesa niebla sobre mi jardín
que bajo ese manto que todo lo cubre
me invita esta noche que sueñe con el

es un bello sueño lo que me desvela
que nunca me olvido pues vive en mi piel
aunque en vano anhelo que vuelva a mi lado
hoy tu espesa bruma, me lleva hacia el

con suave humedad mi rostro acaricias
y al mojar mis labios, perfume de ayer
siento sus caricias que son el recuerdo
de un amor lejano, que nunca olvidé

este otoño trajo cual un anticipo
toda la ternura que yo le entregué
y escucho en las noches el tierno mensaje
de quien he querido, que nunca olvidé

hoy busco el abrigo que antaño portabas
que tus blancas manos supieron doblar
todo te convoca dentro de mi casa
pues te llevo amado, dentro de mi piel

porque un día de otoño cuando me besaste
supe que a mi vida llamaba el amor
y al verme en tus brazos, comprobé esa noche
que a partir de entonces vivo para amar

estas hojas mustias de nuestro manzano
que tapizan todo, como tersa piel
convocan recuerdos que llenan mi vida
y quiero buscarte, allá donde estés

mas hoy me recuerdan que soy una anciana
que sueño y deliro que te encontraré
porque ya no sé si es sólo demencia
que aun siento tan cerca, tu cuerpo a mi piel

quizás este otoño por fin me consuele
y moje mi rostro con gotas ...de amor
que suave acarician mi rostro arrugado
que desde hace tiempo...te piden volver

y salgo a mi huerto buscando un geranio
llorando en silencio, pidiendo por ti
porque hoy el otoño ha vuelto a contarme
que nunca te has ido…....pues vives en mi.

MI TIEMPO SE ACABA...

En noches de invierno cuando cae la nieve
con el viento frio nos muestra su queja
que llama en las noches al alma que espera
y aumenta esos miedos en tu corazón

porque por las noches nos deja un mensaje
diciendo al oído que no volverás
que pronto tu vida se acerca al destino
que llega el momento de decir adiós

cuando en esas noches la luz de una vela
no encuentre en tu casa ni sombra ni amor
sabrás por qué duele el triste vacío
que al fin de tu vida solo encontrarás

pensarás que el mundo a ti te ha olvidado
que nunca es bastante cuando existe amor
que todo has perdido, hasta la esperanza
aunque tengas claro, que eso no es verdad

son esos momentos de clara conciencia
de recuerdos tiernos, de sueños de ayer
de tanta nostalgia por aquel invierno
que dentro tu casa reinaba el amor

y vuelves a verla a la luz de la luna
porque dentro tuyo todo se guardó
dentro tu alma viven aquellos momentos
que juntos formaron tu nido de amor

fuiste su consuelo, ella fue tu guía
y todo lo hiciste en pos del amor
por eso has vivido pensando en su suerte
porque aún lo quieres, que vuelva hacia tí

hoy que ya has vivido quizás suficiente
para ser el hombre que nunca olvidó
que dio su alma pura a quien lo ha querido
que fuiste un ejemplo de unión y de amor

asi te consuelas mientras que la esperas
que vuelva a buscarte desde otro lugar
porque la esperanza nunca la has perdido
y hoy es quien sostiene tu sueño de amor

no temas tu tiempo ni haberlo cumplido
porque tu has sabido gozar de un amor
todo lo has vivido y al fin lo que importa
lo que al fin te llevas de esta aventura
es sentir su vida ... en tu corazón.

CAUSA JUSTA..

Hoy comienzan otra guerra atropellando derechos
empañan esa alegría de niños que ya no están
violan, matan y entristecen la soledad de otra tierra
olvidando el testamento de quienes no volverán

Hoy quien defiende su patria de semejante ignominia
será siempre recordado al luchar por los demás
quien nos dejará un mensaje de compromiso y entrega
porque grande es el dolor de quien conoce el perdón

Y aunque busquen provocar con hechos tan deleznables
con horrores inhumanos a inocentes de tu tierra
aunque sufras el dolor que ya no tiene consuelo
cuando violen tus principios, tu pasado y tu legado
yo te digo, viejo amigo, que contigo… no podrán

Aunque oculten su figura como lobo entre corderos
y planeando sus ataques los realicen otra vez
ante jóvenes reunidos, ante niños inocentes
que parejas en su casa no pudieron defender

no podrán con la esperanza
ni con la sed de justicia
no se tornará en olvido
el daño que hicieron hoy
porque todos somos uno

cuando defiendes la vida
de la locura homicida
del odio y de la maldad

no podrán hacernos socios
ni cómplices de su locura
porque todos lo sabemos
hoy defendemos...la vida
por aquellos que han partido
y viven en el recuerdo
para que nunca se olvide
que murieron sin razón

Quien escuche a su conciencia
quien mantenga sus principios
de defender lo que es justo
sin entregarse al rencor
sabrá que al fin todos juntos
venceremos la traición
porque estamos convencidos
que luchar es causa justa
y al integrarme a esta lucha
mi corazón me aconseja
que no me vuelva otro lobo
sino un soldado de Dios

Hoy amigo me preguntas
si el rencor guía mi mano
y te contesto en el frente
sólo con el corazón

Que aunque cometan horrores
aunque te hierva la sangre
aunque tu mente lo pida
no olvido mi corazón
porque hoy somos distintos
porque tenemos valores
somos hombres de familia
que creen en la humanidad

Hoy cuando marches al frente
te lo pido gran amigo
que no te pueda el rencor
que se nuble tu conciencia
pues aunque sufras dolor
por ataques traicioneros
no pueda el odio y el miedo
ni detener causa justa...ni olvidar tu corazón

Nunca olvides el dolor
de la gente que ha sufrido
y recuerda lo mas grande
que la vida te ha enseñado
porque viviste el amor
porque somos diferentes

Y mostraremos al mundo
que tenemos esperanza
combatiremos unidos
contra el mal de nuestra tierra

conservando los principios
que dicta nuestra conciencia
y al vencer en esta guerra
al terminar con el odio
le diremos a este mundo….
contra la fe… no podrán.

MI HOMENAJE A TU AMOR

Hoy confieso que el destino
que es veleidoso y esquivo
me conforma en mi existencia
me sostiene en la vejez
pues no me turba la duda
ni se altera mi equilibrio
sigo fiel a ese camino
que contigo comencé

y no me vuelvo ermitaño
ni me aislo de las gentes
que aunque lucen preocupadas
luchan también por su amor
porque tengo el alimento
de tu vida y tu cariñoso
y llevo lo suficiente
hasta que llegue mi fin

así siempre lo he sabido
que en mi vida hay un destino
aunque no hallé mi camino
hasta conocerte a ti
fuiste el maná que alimenta
fuiste el sostén de mis días
cuando a veces la fortuna
evitaba nuestro hogar

pero siempre me has amado
y hoy es tiempo de decirlo
que solo paso mis días
pensando siempre en tu amor
sabiendo que he renacido
de una vida sin sentido
porque tú me has convertido
en el hombre que ahora soy

que vive su soledad
con ese amor a la vida
que no le teme al destino
que aprecia más al amor
que disfruta de una flor
como lo hicimos el día
que jurando que me amabas
me entregaste tu candor

así vives dentro mio
así yo paso mis días
disfrutando tu recuerdo
agradeciendo a mi Dios
el haberte conocido
y al final de mi existencia
confesarle a todo el mundo
que no hay vida…. Sin amor

así paso mi existencia
esperando mi destino
así rindo mi homenaje….al recuerdo de tu amor.

CUANDO LLEGUE TU MOMENTO....

Cuando llegue ese momento
que el corazón te suplique
que rememores un día
los recuerdos de tu vida
cuando la vida a su paso
después de andar tu camino
te acerque más al final
y quieres mirar atrás
cuando sólo a tu conciencia
comprendas que hay que escuchar
buscando al fin esa paz
como premio merecido
quizás pienses que has vivido
siguiendo siempre una ruta
el camino que elegiste
cuando partiste del nido

Pensarás que has hecho bien
que nada te compromete
con un amor de estudiante
que abandonaste una vez
¿ qué será lo que le cuentes
a quien siempre te acompaña
al alma que hoy te convoca
a soñar con el amor ?

¿ Que alimento les darás
a tus nobles sentimientos
si el amor no has comprendido
si lo olvidaste detrás…?

Quizás Dios te de la dicha de vivir un largo tiempo
de encontrar a quien te quiera, de recuperar tus sueños
tal vez tengas la honradez de encontrar en tu memoria
el camino hacia esa casa donde dejaste mi amor
Y si vuelves tras tus pasos tal vez recuerdes que un tiempo
en que fuimos dos amantes, mi promesa fue adorarte
y la tuya, un corazón….

Cuando llegue ese momento
que te mires al espejo
y reconozcas a ese hombre
que yo elegí para mi
Que compartió mi alegría
que le dí mi corazón
con quien soñé por las noches
cuando el amor nos unió

Verás que existe un momento
de recordar el pasado
de pensar que aún hay tiempo
de perseguir nuestros sueños
de terminar esta vida
luchando por quien tú quieres
de entregarte por entero
y disfrutar del amor

Quizás nunca has olvidado
quien cumplió con su promesa
de entregarse por entero
de darte su corazón

Y si regresas un día a aquel amor de estudiante
a esa pasión de un instante y su eterno juramento
a esa entrega de dos cuerpos como nunca has olvidado
sabrás por fin que has dejado el recuerdo más hermoso
porque el amor que tuvimos hoy se llama…. como tú.

UNA VEZ...

Una vez yo tuve un sueño
creí encontrar mi camino
cuando buscaba mi estrella
en una noche de luna
una vez creí en mi vida
que estaba predestinado
a alcanzar una gran meta
aunque nunca lo he logrado
y me pregunto al final
si equivoqué mi destino
si me perdí en el camino
que me marcó el corazón

Persiguiendo una ilusión
busqué la fama y dinero
cambié ropa y de país
pero no pude encontrar
lo que llenara mi alma
lo que le diera valor
a compartir la esperanza
pues soñé...con el amor

¿fue egoísmo u obsesión
fue una falaz aventura?
o tal vez no comprendí
que el amor...ya lo tenía

No valoré a mi mujer
no comprendí su mirada
cuando partía de casa
a combatir la rutina
no supe ver el amor
con que en las noches más oscuras
me esperaba con pasión
al abrazarme en la cama

Y mientras ella me amaba
mi sueño yo perseguía
viviendo en una burbuja
sin comprender su dolor
No escuché a mi corazón
que insistente me llamaba
porque mi vida pasaba
soñando con mi obsesión

Hoy que mi vida termina
al mirar mi compañera
que aún besa mis mejillas
que me mira con amor
de pronto siento correr
lágrimas por mis mejillas
porque esta noche al partir
cuando dejaré este mundo
al final he comprendido
que mi dulce compañera
ha cumplido su promesa
de entregarme el corazón

Hoy mi alma me ha pedido
que al confesar mi egoísmo
le bese sus tiernas manos
y la abrace con amor
que despida a quien más quiero
y le prometa en su oído
que yo estoy arrepentido
de no valorar su amor
porque quien besa mis labios
y a mis manos temblorosas
es la imagen del amor

es aquel sueño...cumplido.

OTRA VEZ... ME ENAMORÉ

Hoy me he vuelto a enamorar
y me llena de alegría
saber que empiezo de nuevo
a creer en el amor
Es tan frágil nuestra unión
y a la vez es tan profunda
que desde el cielo la observan
los ángeles en procesión
Hoy he regresado a mi casa
con el corazón henchido
porque vuelve la esperanza
a compartir mi vejez

Es tan tierno el corazón
que en mis manos has confiado
que esta noche he prometido
que jamás lo olvidaré
Y a quien dice que no es cierto
que la vejez me lo impide
que he perdido la memoria
que ya no sé ni quién soy
Hoy le quiero responder
con el apremio del tiempo
que es hermoso lo que tuve
y es mejor, lo que vendrá

Hoy otra vez como antaño
sin querer la llevé al rio
para decirle a mi ángel
cuánto esperé por su amor
Y lloramos los dos juntos
como nunca, emocionados
quizás por cumplir un sueño
que lo hicimos entre dos

Y aunque sufra cruel dolor
que atenaza mis sentidos
sé que Dios me ha bendecido
en los postreros inviernos
al disfrutar tus caricias
a expresar todo mi amor
porque hoy...puedo decir
que al final, me enamoré

Ya no sé si fue verdad
lo que anoche susurraste
lo que dejaste en mi almohada
con lágrimas de emoción
que me amabas hace tiempo
que nunca me has olvidado
que siempre estuve presente
dentro de tu corazón

Y me siento confundido
porque perdí mi memoria
porque he vivido este tiempo
en ingrata soledad
y me sorprende la noche
mientras te abrazo tan fuerte
mientras mi alma te cuenta
que hace mucho que te anhela

Tú me confiesas mi amada
que desde hace treinta años
somos dos almas gemelas
que han vivido con amor
y aunque ahora no recuerde
lo que esta noche he sabido
lo que juntos compartimos
porque yo sufro de olvido
sólo a ti te lo confieso
lo que yo siempre he sabido
que si todo lo he perdido
no has muerto en mi corazón

Y te abrazo tiernamente
cuando el temor al olvido
abruma el pecho desnudo
de quien antes fue tu amor
y te mojan las mejillas
lágrimas de arrepentido
por no haber reconocido
al mirar tus ojos negros

Que tu amor es verdadero
que me acompañó en la vida
porque al mirarte a los ojos
al ver lo que tú has sufrido
pido perdón al olvido
y comprendo mi destino..
enamorarme otro día
de quien fuera...mi mujer.

CONVERSACIONES

Cuando llegada la hora que feliz has conocido
como secreto guardado cuál ha sido tu destino
y te sientes en tu cuarto a solas con tu conciencia
cuando al alma ya desnuda la veas delante de ti
Cuando ni el sol ni la luna afectan a tus sentidos
cuando la paz de tu mente perfuma tu habitación
podrás por fin develar de tu vida...su misterio
de tu sangre..su abolengo, del corazón...la verdad

Sabrás con quién has partido al viaje más esperado
sabrás si al fin has cumplido con tu propio corazón
y darás gracias al cielo con el alma entre tus manos
porque has podido llegar a entender a qué has venido
A compartir tu alegría, a ser hermano y amigo
a ser testigo en el mundo del triunfo del amor
porque hoy que finalmente te has visto tal como eres
otro hombre has encontrado, que se conoce mejor

Porque al final comprendiste
lo que la vida te enseña
que habrá en tu alma inocencia
mientras vivas para amar
que si aprendes a escuchar
lo que dice tu conciencia
aunque el mundo te confunda
tú sabrás lo que es verdad

Que es verdad lo que has soñado
y es cierto lo que has vivido
que en tu vida has recibido
mas de lo que puedas dar
y si sientes esa paz
que al final todos buscamos
sabrás que al dejar el mundo
tu huella le dejarás…

EL ÚLTIMO BESO

Te miro en la noche dormida a mi lado
y siento que mi alma te quiere contar
todas mis angustias, todos mis anhelos
el miedo a perderte, a no verte jamás
Te abrazo despacio, deslizo mis manos
por el tibio huerto donde yo planté
aquellas semillas que al fin florecieron
que pronto partieron dejando el hogar

Y tú me sorprendes amando entre sueños
como desde el día que te declaré
lo que dentro mío llevaba guardado
que nunca podría vivir sin tu amor

No puedo contarte que sufro esta pena
aunque estoy seguro que tengo tu amor
¿ cómo confesarte que muero de angustia
al saber que pronto...tendré que partir?

Quizás algún día logres comprenderme
pues pierdo mis fuerzas sin una razón
mi cuerpo no miente, me anuncia de a poco
que el fin está cerca...que pronto me iré

Pero no me animo, me faltan las fuerzas
cuando por las noches me haces el amor
no puedo explicarlo y este cruel secreto
tortura mi mente, hiere el corazón
por eso te abrazo con todas mis fuerzas
y dejo a escondidas lágrimas de amor
no pude contarte lo que estaba escrito
que pronto hacia el cielo tendré que partir

no quiero olvidarte, vestirte de duelo
que pierdas tu vida buscando mi amor
por eso esta noche...el alma te entrego
y me comprometo a volver por ti

Pues este camino que yo no he elegido
se llama destino, y debo cumplir
mas solo te pido que tú no me olvides
que vivas la vida que espera por ti

Porque en el silencio de una noche oscura
tú sabrás amada, que no te olvidé
yo que te he jurado esperarte siempre
y ayudarte en vida a que seas feliz

Cuando tú me llames y sientas nostalgia
de todo lo hermoso que fue nuestro amor
tendrás el consuelo que vivo contigo
que nunca me he ido de tu corazón

Hoy mientras descansas, si sientes mis brazos
que abrazan tu cuerpo y piden ...perdón
cuando haya un silencio que lo ocupa todo
dame la esperanza que no olvidarás
y yo te prometo volver algún día
para despertarte un amanecer
con aquellos besos que siempre te he dado
que cuando me llames…….. yo sabré volver.

TESTIGO

Bendita la noche que acuna mi alma
bendito el destino que un día elegí
sin saber a dónde llevaba el camino
por dónde la vida me quiso llevar

Hoy dejo mi huella mas clara y profunda
pues donde he pisado dejé algo de mi
porque siempre lo hice por causas ajenas
por haber creído en la humanidad

Hoy puedo mirar a mi rostro al espejo
y contarle al mundo que he sido feliz
pues mucho he buscado al amor de mis sueños
y al fin lo confieso, lo vivo hasta hoy

Se hizo el milagro durante mi vida
todo lo que ansiaba al fin lo encontré
y así he compartido la mitad de todo
hasta que una noche...todo lo perdí

Sufrí lo indecible pues creí perdido
todo lo vivido, este amor por ti
soñé que perdía cuanto más amaba
y así en esa noche...dejé de vivir

Mas tuve la suerte de volver… a verte
de encontrar la forma de escuchar tu voz
cuando en esa noche que esperé a la muerte
en sueños llorando, recordé a tu amor

Hoy ya he comprendido que el amor no muere
que nunca has dejado que sufriera así
cuando en sueños dije...no llores a un muerto
y tú ...que no he muerto… porque vivo en ti

Hoy a mi familia le cuento mi sueño
le cuento mi vida y lo que aprendí
y así les convoco a vivir la vida
a buscar el sueño que yo descubrí

Que no desfallezcan si surge una pena
si un día la angustia puede con su fe
renueven sus sueños, recuerden su vida
y aquella persona que no se olvidó

Ese sueño eterno de amantes y amigos
de aquel juramento que al fin los unió
y vivan la vida como un homenaje
al ser que algún día los hizo feliz

Recuerden por siempre a quien han querido
festejen la vida como a vuestra unión
escuchen de noche al alma que pide
que cuenten al mundo que existe el amor

Porque todo pasa...pero no se olvida
porque hoy son testigos que existe el amor
y recuerden siempre que el sueño añorado
vive dentro suyo...como aquel amor.

JURAMENTO

Hoy quizás al despertarme crea que estoy en el cielo
porque un ángel a mi lado me besa al amanecer
tanto amor, tanto cariño, tanto calor en sus senos
vuelve realidad mi sueño del amor a la vejez

Y me entrego a disfrutar de sus besos en mi boca
a que te busquen mis manos que curtidas por el sol
aún conservan el valor para acariciar tu cuerpo
para abrazarte muy fuerte al oír tu corazón

Hoy un ángel ha venido a visitarme en la cama
pues en el cielo yo estaba cuando sentí tu calor
y me volviste a la cama calmando todos mis miedos
cuando al final comprendimos, el valor de nuestra unión

Soy feliz de haber podido el llegar a este momento
en que las canas y el tiempo me anuncian que partiré
cuando el pasado me acuna en incontables recuerdos
de ese tiempo compartido que nos unió en el amor

Porque hoy siento que he cumplido
con un sueño compartido
y aunque la vida me otorgue la lentitud al andar
me inquieta más que mi vida, el saber que partirás...

Y te abrazo tiernamente intentando recordarte
por si alguien nos separa, que no te pueda olvidar
pues si la vida me llama a partir a mi destino
o si yo pierdo el camino, sé que tú me encontrarás

Esta noche te propongo renovar el juramento
que nos hicimos un día en que reinó la pasión
que nunca me olvidarás, que recordarás mi vida
y que si partes primero…. yo jamás te olvidaré.

SI MAÑANA NO DESPIERTO...

Si mañana no encontrara como volver a la vida
que comparto con mi amada y me pierda el porvenir
si mañana no amanece porque mi alma ha partido
en silencio esta noche, sin haberse despedido
Si en un sueño permanezco y no puedo regresar
porque aunque tú me llames no te pueda responder
que ya no escuche tu voz, que no responda a tus besos
porque al cielo he partido cuando Dios me lo pidió

Si después de haber vivido nuestro amor en comunión
nuestra vida, nuestros sueños, como pasión sin control
si los hijos que tuvimos llevan en su alma el amor
ese que juntos quisimos que se hiciera realidad
Yo te pido que no olvides que una vez fui tu alegría
que disfruté de tus besos, que siempre te acompañé
que he sido tu compañero en el camino elegido
que te confesé una noche que tuyo es mi corazón

Pues sabrás que tu cariño fue mi deseo cumplido
ese amor que yo buscaba, esa vida que soñé
todo lo he compartido con tu alma y con tu cuerpo
y hoy que ya estoy enfermo, no pude decirte adiós

Si mañana no despierto, cuando tú estés a mi lado
te cuento que en esta noche yo te abracé dulcemente
que te besé como siempre tu corazón me pedía
y te he dejado dormida, para soñar con tu amor

Cuando mañana despiertes y comprendas que mi mano
entrelazada a la tuya se niega a dejarte atrás
no pienses que te abandono, no reniegues del destino
pues fue ese mismo camino que me llevó hasta tu amor

Si no respondo al llamado de tu voz y de tus ruegos
si mojando tus mejillas me das un beso de amor
recordarás entre sueños que mientras yo te abrazaba
yo renové el juramento, de esperarte en el más allá

Si mañana no despierto
aunque ya me he despedido
recuerda lo que te pido...
llévame en tu corazón.

POR LOS NIÑOS DEL FUTURO

Hoy que escucho la metralla
de una guerra sin sentido
cuando puede más el miedo
que el hombre en su humanidad
cuando comienzo a olvidar
la fe que siempre he tenido
por lo que siempre he luchado
por mi hogar y mi país

Siento que siendo un soldado
yo me debo a un juramento
pero sumido en horrores
del infierno a nuestros pies
siento dudas y temores
siento temblar la esperanza
de que vuelva a ser el mismo
que partió de nuestro hogar

Y recurro a mi conciencia
que en las noches me pregunta
si lucho por esos niños
que se quedaron detrás
si conservo mi amistad
si protejo nuestras vidas
si cuando vuelva a mi casa
podré disfrutar de paz

Porque siento dentro mio
que el alma tiene un mensaje
que intenta decirle al mundo
que ha perdido la razón
que no permita el dolor
de perder a nuestros hijos
que no sufran los más viejos
que no partan sin mi adiós

Hoy mi corazón me pide
que entienda que mi destino
es dejarles otro mundo
a los niños que vendrán

Hoy yo lucho con fiereza
con el corazón henchido
porque lucho sin descanso
por darles seguridad

Yo no lucho por rencor
ni tampoco por la tierra
no me importan las riquezas
sino la paz de mi hogar
Lucho por la humanidad
y un futuro de amistad
porque tengo la esperanza
de que logremos… la paz

Sé que al final llegará
un futuro diferente
que comprenda el ser humano
que puede vivir en paz
y lo haré por esos niños
que con mirada inocente
remueven nuestras conciencias
y nos enseñan a amar

Tal vez sueño una quimera
quizás no lo logre ver
tal vez yo vierta mi sangre
para poderlo lograr
Pero al final triunfará
el amor y la verdad
porque los niños sabrán
hacer valer la amistad.

DECLARACIÓN

Hoy que por fin me despierto
de la noche que hasta ahora
cubría mis sentimientos
y ocultaba mi sentir
doy comienzo a un nuevo día
en mi alma y en mi vida
porque ha llegado el momento
de que le ponga un final
de que por fin lleve paz
al ser que he llevado dentro
de que tras vanos intentos
hoy le otorgue ...libertad

Y así al mundo yo declaro
que ya no existe razón
para ocultar la verdad
que grita mi corazón
que ya basta de sufrir
de aceptar lo que no siento
de ser correcto en la vida
y ocultar mis sentimientos

Hoy canto a la libertad
de vivir hasta el final
siendo de libre pensar
y más libre, en el vivir

no aceptaré como excusas
producir daños y guerras
ni venderé complacencia
cuando me toque opinar

Tampoco voy a contar
con esos falsos amigos
que como yo, son testigos
de tantos advenedizos
de sujetos que al dinero
lo tienen en pedestales
y se olvidan que es el pobre
quien los puso en su lugar

Yo alabaré con orgullo
al trabajador honrado
ese que con su sudor
lleva el pan a su familia
y enseñaré a respetar
porque en mi casa aprendí
que todo lo que yo soy
lo logré por trabajar

Pero no haré diferencias
de sexos ni de colores
bastante odio he vivido
ya es hora, de meditar
por eso hoy me declaro
independiente de todo

para amar como yo siento
para vivir de verdad
para entregarme al amor
con la pasión y locura
que tiene quien se enamora
sólo una vez en la vida

Para mostrar caridad
y dar la mano a quien sufre
sin mirar su vestimenta
ni distinguir su color
para sentir de una vez
que vivir tiene sentido
y que la vida es hermosa
si escuchas… tu corazón

Por eso hoy me declaro
libre en mi pensamiento
y fiel a mi corazón
abandonando ataduras
falsos dioses y mentiras
respetando… a los demás.

SANGRE Y ALMA

Rugen los cañones que aturden mi mente
cuando todos llaman a seguir la leva
sueños que se truncan, vidas que se pierden
familias que sienten que alguien se ha ido

Músculos que se alistan
tensos, bien dispuestos
listos para un viaje
sin saber destino
voces que en la noche
gritan al eterno
pidiendo clemencia
desde el mismo infierno

Alguien está herido, en cuerpo y en alma
alguien pide ayuda desde algún rincón
teme por su vida, lucha por su sueño
pues grave es la herida que al fin lo alcanzó

Y dudo un momento oyendo sus ruegos
alguien pide ayuda y me vuelvo atrás
mis manos sangrando buscan sin saberlo
a otro ser viviente que cerca cayó
y mientras me aturden ruidos y bengalas
no sé si ocultarme o arriesgar mi vida
porque aún me llama a vencer el miedo
a sentir por otro filial compasión

Y al buscar abrigo o hallar un refugio
algo me detiene y es ...mi corazón
porque ya no puedo negarme al llamado
al hombre que implora, que quiere vivir
y así sin pensarlo regreso a su lado
tomando su mano cual la de un hermano
sintiendo su miedo le brindo mi ayuda
porque es sólo un hombre que sufre un dolor

Tal vez no ha querido pisar esta tierra
entrar a una guerra que nunca entendió
por haber creído en un mundo distinto
por haber confiado en quien lo envió

Y no le abandono aunque arrecie el fuego
pues mi alma no puede olvidar su dolor
porque cuando miro en sus ojos el miedo
ya no es un extraño, ese hombre...soy yo

Soy un compañero que hoy tiene otro bando
soy un hombre honrado que cree en la paz
y nada me pide, tan sólo una mano
para despedirse de quien lo mató

Y sólo me implora que no lo abandone
que tome su mano y lo ayude a morir
por eso te cuento, soldado y amigo
que hoy ya no importa, de qué bando soy

Que suenen trompetas , que canten cañones
que un joven se muere por una obsesión
dejando a sus padres, como despedida
la pequeña carta que llevaré yo.

La paz de mi alma llega sin saberlo
aunque hoy arrecie la guerra más cruel
pues sé que en la vida yo tuve conciencia
y que en este mundo, cumplí mi función

Hoy siento en el pecho que algo he perdido
que guerras tan cruentas matan el amor
que olvido mi pena y comprendo la angustia
de quien sólo quiere, volver al hogar

Aun soy humano, aún puedo verte
soldado enemigo que muestras rencor
que olvidas que somos los dos, compañeros
en esta locura, de la humanidad

Muestra tu empatía con aquel herido
muestra tu nobleza, calma su dolor
pues somos culpables por haber creído
que dando la muerte, el mundo es mejor

Hoy fueron mis manos que al dejar las armas
le dieron consuelo a otro corazón
por eso no importan balas de cañones
ya no tengo miedo de ser como soy

porque yo he cumplido mi rol en el mundo
de ser consecuente con mi humanidad
y sufro esta guerra sabiendo el peaje
que todos pagamos llegando al final

Cuando pase el tiempo y seas anciano
si pisas la tierra donde estamos hoy
verás las dos tumbas, que estando tan cerca
en ellas descanso junto al que murió

Sabrás que en el suelo yo escribí con sangre
que dejo a mis hijos mi ofrenda de amor
que quise del mundo vivir compartiendo
aquel mismo sueño de quien ayudé

Cuando llegue el día que un hombre esta tierra
comparta y la siembre... sabrás que cumplió
aquel combatiente y el joven herido
que junto conmigo su sangre vertió

Y quizás comprendas que nunca una guerra
borró la esperanza....ni mató al amor.

REBELDÍA

Buscando huir del invierno traté sin poder lograr
de encontrar otro camino, otra casa y otro hogar
pidiendo ayuda y consejo sin esperar el mañana
me apresuré en esta vida a buscar a quien amar
y me perdí en el camino por no poder distinguir
entre el amor que ennoblece y una noche de pasión

Por no saber elegir, por creer en las quimeras
hoy sufro de esta dolencia, de una vida sin amor
y aunque ya no soy tan joven al entregarme en sus brazos
esta noche le confieso que el amor, no floreció

Y que yo siento en el alma que al placer me haya rendido
pues la pasión la he perdido pero nunca, la ilusión
que en lo que quede de vida yo seguiré mi camino
porque sé que mi destino al final lo he conocido
no es compartir una noche... sino vivir en amor

Que intentaré nuevamente hallar quien sienta mi pena
quien me colme de caricias y escuche mi corazón
porque el alma me lo pide, que no me rinda en la vida
que no parta de este mundo sin conocer el amor
Sin disfrutar su perfume
sin amarla...a todas horas
sin entregarme en sus brazos
y escuchar... su corazón.

AMORES Y OLVIDOS

Me pedisteis una noche que mi corazón te olvide
y hoy que el tiempo ha pasado, me pides...que vuelva a ti
me robaste el corazón que entregué sin dar batalla
porque soñé desde niño con un amor verdadero
con un amor que se entregue y comparta su cariño
quizás fue por mi inocencia que al verte, me enamoré

Para mi fuiste ilusión, para ti fue un pasatiempo
pues jugasteis al amor y mintió tu corazón
así dejaste mi casa y un corazón afligido
porque tienes por costumbre hacer trampas al amor

Tienes tanta ingratitud que olvidaste que la vida
mientras muestras tu alegría también produce dolor
que los tiempos no perdonan y tu fuiste mariposa
que libando de las flores fue ladrona de mi amor
pero el tiempo te alcanzó y al comprender lo perdido
al parecer me recuerdas y me llamas junto a ti

Y te visito en tu alcoba donde el cielo me ofrecías
donde dejaba mi vida, donde te brindé mi amor
pero ya no soy el mismo y aunque recuerdo tus besos
hoy al pasar de los años me alegró saber de ti
porque fuiste un gran amor que mis noches has robado
que a tu alma he dedicado mis lágrimas en soledad

Pero todo se termina, tu tiempo…y lo que te di
pues mi corazón cansado, sólo puede… perdonar
hoy sólo puedo decir que si te supe querer
después que me abandonaste comprendí que en el amor
si se entrega el corazón
si se comparte la vida
sólo así podrás pedir
que no te olviden…. jamás.

ESPERANZA

Hay amores que ya son pasado
hay recuerdos que nunca se olvidan
mientras pasan los años los llevas
escondidos en tu corazón
Hoy que llama a mi pecho esta angustia
no he querido ocultar el dolor
que me asalta en las noches sin luna
y me obliga a soñar con tu amor
Si es verdad que la extraño como antes
que no creo que muera el amor
por quimeras de ayer he llorado
al mirar en mi espejo quién soy

Ya te habrás convencido en la vida
ya lo sabes, celoso guardián
de mis sueños, que todo lo he dado
y mi anhelo, una vez se cumplió
Que el amor si es sincero en la entrega
no es verdad que se pueda olvidar
no lo quita otro amor en la vida
pues habita en tu corazón
Y si el alma no encuentra el motivo
nunca más dejará de sufrir
es por eso que lucho con ansias
esperando que llegue hasta ti

Hoy que sufres conmigo esta pena
corazón que estuviste a mi lado
esta angustia por no perdonarla
esta herida que llevo en mi piel
Porque nunca he amado tras ella
y las noches vuelvo a recordar
este sueño que no me abandona
de los dos... una noche en su hogar

Y confundo el recuerdo añorado
con designios de un dios del amor
porque siento que nunca he olvidado
sus caricias en mi corazón
Tú que has sido mi fiel confidente
no te olvides que has sido testigo
pues quizás mi rencor es conmigo
por no haber comprendido su amor

Por no haberla cubierto de besos
ocultando en orgullo mi amor
por no haberle contado mi angustia
por no haberle entregado el perdón
Por no haberme marchado tras ella
y pensar solamente en mi piel
hoy no puedo vivir el presente
pues no entiendo cuál fue la razón

Esta angustia perdura en el tiempo
y a pesar de los años vividos
al llegar al final le confieso
que no quise buscar otro amor

Si he bebido la miel de sus labios
y he gozado su cuerpo y su piel
te confieso que llevo grabado
en el alma por siempre su amor
Y al final esta noche sin luna
evocando lo que nos unió
me decido a cerrar esta herida
a borrar esta angustia de amor

Porque iré hasta donde se encuentre
y a sus pies le diré la verdad
que he vivido en mi casa angustiado
esperando… que vuelva su amor.

AL TERMINAR MI CAMINO

Busco en mi cielo una estrella
pido en mi vida perdón
por lo que pude haber sido
por lo que quise y no fui
Pido también compasión
que me sepan comprender
que si no pude encontrar
no fue porque no busqué
Que si al cabo de una vida
son pocos mis galardones
quise ser un ser humano
y el camino transité

Pero me faltó valor
para encontrar causa justa
para pasar mis inviernos
buscando a quien ayudar
Me ha faltado humanidad
aunque sé que lo he intentado
perdonar a quien me ofende
y olvidar lo que he perdido

Aunque supe ser feliz
cuando nadie lo creía
tan sólo con ver tus ojos
y soñar que me querías

Porque tuve la inocencia
de creer en tus mentiras
porque confié en tus promesas
porque luché por tu amor

Y al final sólo he quedado
con mi conciencia tranquila
porque yo he sido culpable
de creer en el amor
Y hoy que mi tiempo se acaba
que termina mi camino
sólo te pido mi amada
que no olvides quien te quiso
Quien soñó con tu cariño
pero le faltó valor
para seguir sin tus besos
hundiéndome en soledad

Por eso pido perdón
pues la soledad lastima
pues no pude ser feliz
aunque mucho lo intenté
Y hoy que termina el camino
solo quiero comprender
cuál fue el error cometido
si me entregué por amor

Por eso duele el saber
que mi corazón no miente
duele soñar lo que tuve
y el saber que lo perdí

Al amor que yo he querido
a sus caricias amadas
a sus besos que he robado
le dejo mi último adiós

A mi hermosa compañera
cuyos abrazos añoro
desde que partió una noche
en búsqueda de otro amor

Dejo escrito en nuestra casa
mi despedida del mundo
pues la soledad me invita
a irme con nuestro Dios

Y al despedirme en silencio
de aquella que nunca olvido
le dejo sobre mi mesa
ya muerto...mi corazón.

FIN DE AÑO

Ha llegado ese momento
que en el año se festeja
dejar la piel que llevamos
y retomar el camino
cuando al son de las campanas
apuramos nuestras uvas
como en un rito sagrado
que cumplimos en reunión

así reunidos estamos
con las copas rebosantes
de intenciones y propuestas
para el año que vendrá
para que reine la paz
y el amor en cada mesa
para que no falte el pan
ni el amor al festejar

hoy que en casa estoy reunido
con la familia completa
donde no falta el cariño
que llena mi corazón
esta vez en la reunión
y en mi pecho agradecido
le doy gracias a mi Dios
por disfrutar del amor

por tener otros proyectos
por abrirme a un nuevo día
que aunque no olvide el pasado
busque abrir mi corazón
y amanezco agradecido
con el sol sobre mi frente
y le brindo a quien me quiera
mi experiencia y mi verdad.

porque al terminar mi vida
siento mi sueño cumplido
al disfrutar como anciano
del amor de una mujer

de ver al fin florecer
el trabajo de una vida
de mi familia reunida
junto al fuego del hogar

y al entregar mis regalos
a la familia y amigos
a todos, agradecido
los abrazo con amor
porque al brindar por la vida
alzo mi copa y no olvido
a quienes nos han dejado
que nunca se olvidarán

brindemos por los amigos
todos juntos esta noche
porque otro año hoy se termina
porque un sueño, se cumplió
y mañana un nuevo día
nos traerá nuevos proyectos
hasta que al fin llegue el día
que tengamos que partir

levantemos hoy las copas
nombrando a quienes se han ido
y recordemos por siempre
quien la vida nos legó

y brindemos todos juntos
por el año que termina
porque el mañana nos llama
a comenzar otra vez
a recorrer esta tierra
y conquistar nuestros sueños
para que dentro de un año
que volvamos a encontrarnos
despediremos otro año
pleno de amor y de paz...

HACERSE A LA MAR

Para montarme en un barco
que navegue tras mis sueños
para sentir que me acunan
las suaves olas del mar
por no dejar escapar
entre el cuenco de mis manos
la brújula del destino
hoy te invito a navegar
a realizar nuestros sueños
buscando siempre encontrar
sin perder el equilibrio
esa tierra donde amar

así te invité mi amada
en mi barco a esa aventura
a buscar nuestro destino
y hacer juntos nuestro hogar
a vivir de nuestro amor
a entregarnos sin barreras
a conducir el timón
de la barca sobre el mar
porque fue nuestro velero
que a los vientos, siempre altivo
mantuvo siempre en su proa
este amor que nos unió

hoy recuerdo el camarote
donde en las noche serenas
nuestro cuerpo nos pedía
al amor, dedicación
sentir que al fin has logrado
el sueño tan esperado
de luchar por un destino
y que lo hagamos los dos

nunca olvidaré ese día
que besando tiernamente
me pediste en nuestra barca
que desate mi pasión
porque pasión fue el motor
y el viento, ese sentimiento
que permaneció en el tiempo
que jamás nos separó

así vivimos un sueño
con la frente hacia el futuro
así hoy lo festejamos
en el seno de este hogar
que formamos entre todos
con los hijos y los nietos
por eso hoy lo festejamos
comenzando...un año más

porque el tiempo nos anuncia
que tendremos otro viaje
en otro barco velero
antes que llegue el final
que nos llene de ilusiones
de sueños y de esperanza
en que lleguemos a viejos
los dos mirando la mar

hoy termina esta jornada
donde anclamos en destino
recitando los dos juntos
la canción de nuestras vidas

y si el viaje de dos almas
fue esperanza y amor
el viaje que hoy emprendemos
juntos, como el primer día
no terminará…....jamás.

AMOR QUE NO OLVIDO

Soledad no me abandones
si te pido en esta noche
cuando la angustia me ciega
que me vengas a buscar

no me quites la tristeza
que vuelve útil mi vida
no me digas que la olvide
que nunca más volverá

soledad si eres mi amiga
por vivir junto conmigo
al escuchar que la llamo
por las noches en mi hogar

vuelve a llenar de esperanza
mis noches tristes y frías
vuelve a mi pecho el recuerdo
de pasadas alegrías

dale al alma su sustento
dale al menos un camino
para seguir el camino
que me acerca a mi destino

cierra tras de tu visita
la puerta del alma mia
porque si dejas abierta
ese rincón de mi vida

se irá buscando a mi amada
llamando en noches tan frías
a quien un día ha dejado
mi corazón sin su amor

soledad dame templanza
dale el valor a mi vida
para que al llegar la noche
acepte al fin mi destino
para que espere despierto
ese sueño que he tenido
que mi amada vuelva a casa
para llevarme… consigo.

AÚN HAY TIEMPO

Lo mío fue frialdad, o tal vez cobardía
por miedo a que en la vida sufriera por amor
y hoy siento que a la vida no le he sido sincero
pues sellé con esmero la entrada al corazón

no amé lo suficiente, me faltó la osadía
de entregarme un día a un alma que me amó
me guardé sentimientos tan profundos, tan míos
y hoy pasado el tiempo no tengo a quien amar

busqué donde no había, mi excusa fue cambiando
una vez fue la experiencia o el miedo a una traición
cobarde fui en la vida ocultando tras sonrisas
lo triste de mi alma, la falta de un amor

y al llegar al final de mi vida en la tierra
por fin yo he comprendido lo hermoso del amor
porque yo he conocido lo que es amar sin miedo
lo que siente tu alma, al dar tu corazón

y al compartir mi vida, sin tiempo ni medida
al entregarme todo en noches de pasión
al fin yo lo comprendo que por ser egoísta
yo me negué a mi mismo un regalo de Dios

si ha sido por amor que me llamó mi madre
no he sido consecuente, no supe como amar
y hoy que no soy tan joven por fin lo he decidido
que no me iré del mundo sin esperarlo más

sin miedo ni vergüenza sabré entregar mi vida
responderé al cariño abriendo el corazón
y cantaré a la vida que he sido bendecido
que el tiempo que me queda, al fin seremos dos

porque no existe edad en nuestros corazones
pues nunca te abandonan el fuego y la pasión

que sepa quien me quiera que estuve enamorado
que al fin de mi existencia, abrí mi corazón
que ya no tengo miedo ni temo a lo que digan
porque hoy lo he comprendido, nacimos para amar
que siempre tienes tiempo de hallar lo que tu sueñas
por eso hoy dejo escrito mi nuevo testamento…..
que nunca habrá una excusa tan grande en tu camino
para vivir la vida …sin dar tu corazón.

ME ENAMORÉ UNA NOCHE...

Sucedió sin esperarlo
durante la primavera
que de copas y de amigos
yo pasé la noche entera
sucedió sin mi conciencia
que tras una borrachera
despertara entre unos brazos
que no quise abandonar

fueron sus labios ardientes
actores de una comedia
que recorrieron mi cuerpo
desatando la pasión
que llamó el amanecer
aunque nadie le hizo caso
pues dos cuerpos en mi cama
se amaron hasta atardecer

te pedí que renovaras
a ese conjuro invocado
a ese tiempo compartido
que esa noche disfruté
pues llamamos al amor
de mil formas y maneras
porque antes que te fueras
lo supe...me enamoré

al fin hallé sin buscarlo
la razón de mi existencia
al encontrar en tu alma
quien mire mi corazón
supe sin haber razón
lo que al fin he conseguido
que mi corazón no mienta
que mi sueño.. sea verdad

qué difícil comprender
los caprichos del destino
los altos en tu camino
donde encuentras la razón
la vida que se transforma
las caricias que tú ansías
el remedio de tu alma
quien te roba...el corazón
y hoy que ha pasado una vida
permaneces a mi lado
igual que la vez primera
me besas al despertar
y me abrazas tiernamente
ofreciendo el alimento
que nunca olvida mi cuerpo
y que añora el corazón

se ha cumplido aquel conjuro
al que juntos convocamos
se hizo carne en nuestra cama

lo que siempre yo soñé
y al paso de tantos años
poco a poco fui entendiendo
que tu alma era ese templo
donde al final me entregué

hoy después de treinta años
de compartir una vida
al despertar yo comprendo
lo que ambos compartimos
pues si luchas por tus sueños
si entregas tu corazón
jamás nunca dejarás
de amar...en la eternidad.

A VECES...

A veces suelo buscar
cuando en las noches me animo
las semillas que sembré
a lo largo del camino
ese sueño que he tenido
de buscar a dónde fuera
quién quisiera mi amistad
y entregarme por entero

a veces son los recuerdos
que en las noches me alimentan
que serenan mi alma en pena
que alejan mi soledad
porque duele la distancia
pero más haber tenido
el amor en nuestra casa
y entender, por qué ha partido

a veces salgo a buscar
al patio que recorrías
el perfume de esa flor
soñando que tú eres mía
y aunque hoy lo he comprendido
que has tomado otro camino
sé que sólo fui feliz
mientras te tuve conmigo

y hoy cuando llega mi vida
al final de mi camino
quizás por ser en la vida
quien amó sólo una vez
salgo en la noche a mi puerta
y enciendo luz en mi esquina
perfumando nuestra casa
esperando… tu venida

busco la paz en la tierra
busco el sentido a mi vida
busco entre mis recuerdos
llevar los que nunca olvido
y a veces... tan sólo a veces
cuando recuerdo tu vida
siento el amor que nos une
y me siento…agradecido.

ABUELOS

El pasado nos llama al final del camino
nos invita a volver donde todo empezó
a escuchar esas risas que en un patio de juegos
mis abuelos gozaban como premio al amor

ese amor que ha surcado, sin temor al fracaso
esos mares ignotos y su cruel realidad
de escapar de una guerra, de buscar un futuro
donde el hombre se sienta como un hijo de Dios

y al llegar sin saberlo, a estas tierras lejanas
con idiomas distintos como lo es nuestra piel
comenzaron su vida, la vistieron de sueños
y de nuevo sintieron que volvió la razón

así fueron luchando, así fue nuestro ejemplo
en familia de pobres donde nunca faltó
el abrazo tendido, el consejo sereno
el ejemplo de seres que recuerdo hasta hoy

cómo extraño esta noche si me miro al espejo
a mi abuelo en su casa y rodeado de amor
cómo siento en el alma que su ejemplo es mi guía
que su vida fue plena, que nos supo enseñar

que no importan los años, ni el dinero ni el tiempo
porque llega un momento que estás sólo ante ti
y sabrás si has vivido como te han enseñado
si su senda has seguido, si entregaste tu amor

y agradezco a la vida los recuerdos que tengo
el llevar mis abuelos en lugar preferente
porque honrando su vida, recordando su paso
vivirán para siempre...dentro mi corazón.

NUEVA POESÍA HISPANOAMERICANA

Bajo este título comenzamos una colección de poemarios del autor con la colaboración con poetas/poetisas hispanoamericanos, representantes y poetas que cultivan su arte en verso, tanto en España como en América Latina.

Es un enorme placer contarme entre sus amigos y más fieles compañeros en
este hermoso viaje de la poesía a lo largo de España y América, uniendo por este medio a tantos excelentes y apasionados poetas/poetisas.

Cada uno representa la nueva poesía hispanoamericana, con renovado empuje y calidad literaria que me honro en destacar.

Atte
ENRIQUE G. ESPÍNOLA SUÁREZ
Médico y Escritor

LAS PUERTAS DEL INFIERNO

Claudia Ballester Grifo (España)

No te enamores de mi que ya no es tiempo
soy mujer ocupada
mi amor entregué hace tiempo
formé una familia, no me mires, tengo dueño

No te enamores de mi
te lo ruego
el amor es avecilla libre
vuela sin desaliento
abate las olas, cruza los vientos
se mimetiza con el horizonte
roba los besos

Tu mirada me seduce
tu voz es un tormento
huyo de tu tortura
me encierro en mi convento
un claustro sencillo
una cama y un rezo

No te enamores de mi,
no te enamores que me pierdo
tu fuego me alcanza
lame mi cuerpo,

despierta mi lascivia,
llora mi corazón muy adentro

Y si te enamoras….¡Calla!
Ámame en silencio
por Dios no me lo digas,
no me lo digas, amor
no abramos las puertas… esas
puertas del infierno.

MORIRME MUERTA

Mónica Gerez (Uruguay)

Febril embrujo que me provocas,
ardo en la hoguera de mis deseos
por ti se igualan triunfo y derrota
rindes mis armas, prendes mi fuego
Y mis entrañas gritan…¡ peligro !
Sólo una chispa para un incendio
muerden tus besos mis dobladillos
frotas la lámpara de mi genio…
Tu lengua moja
tus manos vuelan
conjugo el verbo placer a ciegas
bebo tu néctar que me encadena,
y soy tu esclava, tu par, tu reina
Y no resisto, tu sed me gana
toco tu cuerpo, tu piel me clama
Eros me inclina, me azota y calla
soy laberinto y tú, la muralla

Quemo las naves de mis delirios
juego los juegos que están prohibidos
libre licencia de mis sentidos
suelto la fiera que me he escondido
Navego el barco en plena tormenta
sobre los mares de tu entereza

llego a la playa tras mil proezas
lamen tus olas mis osamentas…
Saciada el alma tras la reyerta
bien vale vida... !morirme muerta¡

AMOR DE POETAS

Harold Gil Vallejos (Perú)

Me pediste dedicarte un poema
vaya labor que me has dado
y no sé si dedicarlo
a una amiga
o a una amada
pues sólo pienso en un tema
que le llamamos..amor

Pero recién me conoces
gritas de pronto espantada
tú te volviste loco
yo no puedo ser tu amada
déjalo ahí por favor
ya no quiero saber nada

Pero he dado el primer paso
tal vez si piensas mejor
deja que termine el poema
deja que le cante al amor
de repente si lo lees
y te robe el corazón

Es que no tiene sentido
sigues gritando confundida
yo sólo quiero un poema
y tú me hablas de amor
y es cierto que estoy sola
pero llevo un gran dolor

Te pido que me lo cuentes
y cómo apareció
acaso es como el mio
me refiero al dolor
si yo me uno al tuyo
tal vez hablemos de amor

Qué tristeza llevas dentro
me preguntas con recelo
si de repente me cuentas
lo que sientes en tu alma
tal vez si yo te ayude
y te devuelva la calma

Pues mira mi amiga amada
comencé de pronto a amar
a una mujer que no supo
atender a mi cariño
y seguro el error fue mio
o ella estuvo equivocada

Me pasó lo mismo, respondiste
yo también me enamoré
de alguien que prometió
quererme toda la vida
pero un día se marchó
y yo quedé resentida

Lo que pasa creo yo
que el destino, nos unió
yo perdí lo que no vale
y tú, a un amor que no sirvió
tú me pediste un poema
y yo resuelvo el problema…

Los dos somos poetas
y huimos del dolor
caminemos de la mano
y arranquemos con un beso
nos iremos de paseo
y luego haremos el amor

Tú me pediste un poema
y fuimos dejando el dolor
me ofreciste darme calma
y yo acepto tu ayuda
a cambio de que mañana…
hablemos… de nuestro amor.

NO SE TE OCURRA

Ana Kiguen (Argentina)

No se te ocurra volar
con alas que no son tuyas
sé humilde e invéntate
un cielo que esté a tu altura.

Crea tu propia ruta
en donde no exista huella
de aquellos que transitaron
la idea que impulsó ella

La vida es una emboscada
que te puede sorprender
destruyéndote de a poco
en tus ansias de saber

Una ecuación no resuelta
un verbo sin conjugar
una frase mal usada
y un después que fallará

Una sentencia segura
una culpa que pagar
y una sombra que avanzando
se vuelve oscuridad

Un horizonte que añoras
sin poderlo alcanzar
pues ésas alas responden
a quien las supo volar

Aquellos que decidan
volar un sueño prestado
no sabrán a qué conduce
ser libre en cualquier espacio

Sobrevivir deteriora
si no hay felicidad,
concéntrate en encontrarla
y vive tu realidad.

PARA EMPRENDER UN SUEÑO

Antonieta Iturralde Gómez (Ecuador)

Para emprender un sueño, me basta simplemente
soltar esta alma triste al vuelo de la vida
y posar en silencio mi mirada cansada
sobre la espuma breve del más triste recuerdo

Para emprender un sueño me basta estar a solas
o en medio de un desfile de estatuas incoloras
me bastan las pupilas, las miradas de ruego
de niños que deambulan como versos viajeros

Para emprender un sueño me basta tu presencia
ascendiendo hasta mi alma como caricia inmensa

Me basta estar contigo…ya estas tan lejos
para emprender conmigo…un sueño verdadero.